REPUBLIQUE FRANÇ.

ASSISTANCE

aux

FEMMES EN COUCHES

DÉCRET DU 17 DÉCEMBRE 1913

*Portant règlement d'administration publique pour l'application de
la loi du 17 juin 1913 sur le repos des femmes en couches.*

CIRCULAIRE DU 24 DÉCEMBRE 1913

*Relative à l'exécution du décret portant règlement d'administration
publique du 17 décémbre 1913 sur l'assistance aux femmes
en couches.*

DÉCRET DU 26 DÉCEMBRE 1913

*Portant règlement d'administration publique pour l'application de
la loi du 17 juin 1913 et des articles 68 à 75 de la loi
du 30 juillet 1913, en ce qui concerne la comptabilité du service
de l'assistance aux femmes en couches.*

AMIENS

IMPRIMERIE DU PROGRES DE LA SOMME

18, RUE ALPHONSE-PAILLAT, 18

1914

RÉPUBLIQUE FRANÇAISE

ASSISTANCE

aux

FEMMES EN COUCHES

DÉCRET DU 17 DÉCEMBRE 1913

Portant règlement d'administration publique pour l'application de la loi du 17 juin 1913 sur le repos des femmes en couches.

CIRCULAIRE DU 24 DÉCEMBRE 1913

Relative à l'exécution du décret portant règlement d'administration publique du 17 décembre 1913 sur l'assistance aux femmes en couches.

DÉCRET DU 26 DÉCEMBRE 1913.

Portant règlement d'administration publique pour l'application de la loi du 17 juin 1913 et des articles 68 à 75 de la loi du 30 juillet 1913, en ce qui concerne la comptabilité du service de l'assistance aux femmes en couches.

AMIENS

IMPRIMERIE DU PROGRÈS DE LA SOMME

18, RUE ALPHONSE-PAILLAT, 18

1914

DÉCRET DU 17 DÉCEMBRE 1913

Portant règlement d'administration publique pour l'application de la loi du 17 juin 1913 sur le repos des femmes en couches.

Le Président de la République française,

Sur le rapport du ministre de l'Intérieur ;

Vu la loi du 17 juin 1913 sur le repos des femmes en couches, et notamment l'article 11 ainsi conçu : « Des règlements d'administration publique détermineront les mesures nécessaires pour assurer les conditions d'application, de fonctionnement et de contrôle de la présente loi ; »

Vu les articles 68 à 75 de la loi du 30 juillet 1913, portant fixation du budget général des recettes et des dépenses de l'exercice 1913, et notamment l'article 74-§ 1, ainsi conçu : « Les règlements d'administration publique prévus à l'article 11 de la loi du 17 juin 1913 détermineront, en outre, les mesures nécessaires à l'application des articles 68 à 75 de la présente loi » ;

Vu la loi du 15 juillet 1893 ;

Le Conseil d'État entendu,

DÉCRÈTE :

TITRE I.

ADMISSION A L'ASSISTANCE.

ARTICLE 1. — Toute femme qui prétend au bénéfice des dispositions législatives sur le repos des femmes en couches doit adresser au maire de la commune de sa résidence une demande écrite.

Si elle ne peut signer elle-même cette demande, elle y appose un signe dont l'authenticité est attestée par deux témoins domiciliés dans la commune.

Si elle est incapable de manifester sa volonté, la demande peut être établie par le maire assisté de deux témoins.

Si la demande est faite pendant que la postulante est hospitalisée, elle est visée par le représentant de l'établissement.

ART. 2. — La postulante doit déclarer dans sa demande :

1º Qu'elle est de nationalité française ;

2º Qu'elle se livre habituellement, à son domicile ou chez autrui, à un travail salarié.

3º Quelles sont ses charges de famille ;

4º Quelles sont les ressources dont elle continuera à disposer pendant son repos, notamment, s'il y a lieu, celles qui peuvent provenir du travail du mari.

La postulante doit ajouter tous les renseignements propres à établir quel est son domicile de secours.

Art. 3. — Elle doit annexer à sa demande :

1° Les extraits des rôles des contributions qui concerneraient soit la postulante, soit, s'il y a lieu, son mari ;

2° Un certificat de l'employeur ou des employeurs attestant qu'elle se livre habituellement à un travail salarié.

En cas d'impossibilité de se procurer ce certificat, elle en indique la raison.

Art. 4. — Le maire délivre un récépissé de la demande.

A ce récépissé est annexée une copie intégrale des articles 4 et 5 de la loi du 17 juin 1913 et du deuxième paragraphe de l'article 69 de la loi du 30 juillet 1913.

Art. 5. — Le maire recueille les renseignements propres à éclairer le bureau d'assistance et les lui transmet avec les demandes et les pièces annexes.

Le bureau peut, s'il le juge utile, procéder à une instruction complémentaire.

Il dresse une liste préparatoire comprenant, d'une part, les postulantes qui ont le domicile de secours dans la commune, et, d'autre part, celles qui n'ont pas le domicile de secours dans la commune.

Art. 6. — Le maire transmet au préfet la liste des postulantes qui n'ont pas le domicile de secours dans sa commune. Il y joint leurs demandes et pièces annexes.

Art. 7. — L'admission à l'assistance ne confère de droits à l'allocation que pour la période qui précède et pour celle qui suit les couches en vue desquelles la demande a été faite.

Art. 8. — Toute femme inscrite sur la liste ou admise d'urgence doit, pour recevoir avant les couches l'allocation journalière, produire le certificat médical mentionné au premier paragraphe de l'article 4 de la loi du 17 juin 1913.

Ce certificat indique si l'état de la postulante rend nécessaire le repos prévu par ledit article.

Il indique également l'époque probable de l'accouchement.

Art. 9. — Le certificat médical est adressé au maire.

Sur le vu de ce certificat, le maire détermine la date à partir de laquelle, en conformité avec les dispositions de l'article 4 de la loi du 17 juin 1913, l'allocation journalière devra être accordée.

Une copie de la décision du maire est immédiatement envoyée au préfet.

Toutefois, lorsque le préfet est compétent pour statuer sur la demande et si le certificat médical est joint à cette demande, le préfet, en statuant, détermine en même temps la date à partir de laquelle l'allocation journalière devra être accordée. Il avise le maire de sa décision.

Art. 10. — Toute femme inscrite sur la liste ou admise d'urgence a droit à l'allocation journalière, après les couches, alors même que l'enfant aurait été présenté sans vie à l'officier de l'état civil.

ART. 11. — Le taux de l'allocation journalière est le même pour toutes les assistées de la commune où elles résident.

TITRE II.

SURVEILLANCE ET CONTROLE.

ART. 12. — Le bureau d'assistance dresse, chaque année, au cours de sa première session, la liste des personnes ayant accepté de veiller à l'observation, par les intéressés, des prescriptions de repos et d'hygiène prévues au troisième paragraphe de l'article 4 de la loi du 17 juin 1913.

Cette liste peut être revisée en cours d'année.

ART. 13. — Dès qu'a été déterminée la date à partir de laquelle l'allocation doit être accordée, ou dès que l'avis de l'accouchement est parvenu au maire, celui-ci choisit sur la liste la personne chargée de visiter l'assistée.

Il remet à cette personne une lettre signée de lui avec les instructions destinées à l'assistée.

ART. 14. — La personne désignée par le maire visite dans le plus bref délai l'assistée.

Elle adresse au maire, dès le début de la période pendant laquelle doit être payée l'allocation journalière, son avis sur l'opportunité qu'il pourrait y avoir à donner l'allocation, en totalité ou en partie, en nature.

Pendant cette période, elle s'assure de l'exécution des prescriptions énumérées au troisième paragraphe de l'article 4 de la loi du 17 juin 1913 et transmet au maire ses observations.

Si l'assistée n'a pas le domicile de secours communal, les observations prévues au paragraphe précédent sont adressées par le maire au préfet.

ART. 15. — Sur le vu de l'avis mentionné au deuxième paragraphe de l'article précédent, le bureau d'assistance ou, à son défaut, le maire décide si l'allocation sera donnée, soit en totalité, soit en partie, en nature.

ART. 16. — A l'expiration de la période pendant laquelle a été, après l'accouchement, payée l'allocation, un rapport spécial fait connaître si la mère a allaité elle-même son enfant.

Si l'allaitement maternel n'a duré que pendant une partie de cette période, le rapport en fait mention avec les dates.

Cette pièce est adressée par le maire au préfet qui décide, s'il y a lieu, pour combien de journées est due la prime d'allaitement

ART. 17. — La délibération par laquelle le Conseil général organise le service de l'assistance aux femmes en couches, pendant leur repos, doit prévoir le contrôle départemental du service. dont les frais sont rangés, par l'article 71-2° de la loi du 30 juillet 1913, au nombre des dépenses obligatoires du département.

2

Dans le cas où le Conseil général n'organise pas le service de contrôle, il y est pourvu par un décret rendu dans la forme des règlements d'administration publique.

TITRE III.

RETRAIT DE L'ASSISTANCE.

Art. 18. — Lorsqu'une femme admise au bénéfice de l'assistance ne remplit plus les conditions prévues par l'article 3 de la loi du 17 juin 1913, sa radiation des listes est prononcée dans la forme prescrite pour les admissions.

Cette radiation est immédiatement notifiée à l'intéressée. Avis en est donné au préfet au cas où la décision a été prise par une autre autorité.

Art. 19. — Si une assistée n'observe pas les mesures prescrites au paragraphe 3 de l'article 4 de la loi du 17 juin 1913, ou s'il est constaté qu'elle a fourni des déclarations inexactes, la suppression de l'allocation peut être prononcée d'urgence par le bureau d'assistance ou le maire, si l'assistée a son domicile de secours dans la commune, et par le préfet dans les autres cas.

Art. 20. — Le maire est tenu de transmettre directement et d'urgence au préfet avis du décès et avis de l'entrée à l'hôpital des assistées résidant dans la commune.

Art. 21. — Dès qu'une assistée est admise ou décède dans un établissement hospitalier, l'administration dudit établissement est tenue d'en informer directement et d'urgence le préfet.

TITRE IV.

MUTUALITÉS MATERNELLES ET ŒUVRES D'ASSISTANCE.

Art. 22. — Tout décret agréant une mutualité maternelle ou une œuvre d'assistance, dans les conditions de l'article 10 de la loi du 17 juin 1913, approuve ses statuts et fixe la circonscription territoriale où elle est admise à exercer son action.

Ce décret détermine les conditions du contrôle financier auquel l'œuvre devra se soumettre.

Art. 23. — Dès qu'une postulante est admise à l'assistance, le préfet ou le maire, suivant le cas, en avise la mutualité maternelle ou l'œuvre agréée.

Le maire lui donne connaissance de la date à partir de laquelle l'allocation sera due.

Toute décision portant radiation ou suppression d'une allocation lui est également notifiée par l'autorité qui l'a prise.

Art. 24. — Le représentant de l'œuvre désigne la personne chargée de visiter l'assistée. Il décide si l'allocation sera en tout ou partie donnée en nature.

Il reçoit les observations prévues à l'article 14 du présent décret.

Il peut proposer au préfet ou au maire la suppression de l'allocation.

Art. 25. — Le ministre de l'Intérieur est chargé de l'exécution du présent décret, qui sera publié au *Journal officiel* et inséré au *Bulletin des lois*.

Fait à Paris, le 17 décembre 1913.

R. POINCARÉ.

Par le Président de la République ;

Le Ministre de l'Intérieur,

René Renoult.

CIRCULAIRE DU 24 DÉCEMBRE 1913

Relative à l'exécution du décret portant règlement d'administration publique du 17 décembre 1913 sur l'assistance aux femmes en couches.

1. — Lse dispositions législatives instituant l'*assistance aux femmes en couches* comprennent, d'uné part, la loi spéciale du 17 juin 1913 et, d'autre part, les articles 68 à 75 de la loi de finances du 30 juillet 1913 ; par sa circulaire du 9 août 1913, mon prédécesseur vous a exposé les lignes essentielles de cette nouvelle législation et vous a indiqué les mesures préparatoires à prendre pour en assurer l'application prochaine. Les lois précitées prévoyaient divers règlements d'administration publique ; les règlements élaborés et qui ont été jugés nécessaires sont au nombre de trois, savoir :

1º Un règlement administratif général ;
2º Un règlement de comptabilité ;
3º Un règlement spécial pour la ville de Paris.

Le premier a été inséré au *Journal officiel* du 17 décembre 1913 ; les deux autres seront promulgués dans quelques jours. L'article 75 de la loi du 30 juillet 1913, portant que les dispositions relatives à l'assistance aux femmes en couches seront applicables *dans les trois mois* qui suivront l'insertion au *Journal officiel* des règlements d'administration publique, et non trois mois après les dispositions envisagées, pourront entrer et il est très souhaitable qu'elles entrent effectivement, en vigueur *à partir du* 1ᵉʳ *janvier* 1914 pour toute postulante régulièrement admise.

La présente circulaire a pour objet d'expliquer et, sur divers points, de souligner les principales dispositions du décret du 17 décembre 1913.

Ce décret est divisé en quatre titres concernant :

1º L'admission à l'assistance ;
2º La surveillance et le contrôle ;
3º Le retrait de l'assistance :
4º Les mutualités maternelles et œuvres diverses.

TITRE I.

2. — La circulaire du 9 août 1913 a indiqué pour quelles raisons le législateur a adopté la même procédure d'admission que celle de la loi du 15 juillet 1893 relative à l'assistance médicale gratuite.

Cette procédure comporte, et c'est un point essentiel sur lequel il convient tout d'abord de fixer votre attention, un double mode d'admission : l'admission que l'on pourrait appeler normale et l'inscription d'urgence. Je montrerai plus loin les différences profondes qui les séparent, tant au point de vue de l'autorité appelée à décider que des voies de recours.

3. — L'acte initial est, dans l'un et l'autre cas, la *demande*. Cette demande doit être *écrite*.

Elle est faite dans la même forme que pour réclamer le bénéfice ou de la loi de 1905 sur l'assistance aux vieillards, aux infirmes et aux incurables, ou de la loi du 14 juillet 1913 sur l'assistance aux familles nombreuses.

Elle est adressée au maire de la commune où *réside* la postulante, que celle-ci y ait ou non son domicile de secours.

4. — Le maire (art. 4 du décret) délivre un récépissé de la demande.

Le décret prescrit en outre que, à ce récépissé, sera annexée (soit sur feuille séparée, soit inscrite sur la même feuille que le récépissé même) « copie intégrale des articles 4 et 5 de la loi du 17 juin 1913 et du deuxième paragraphe de l'article 69 de la loi du 30 juillet ». Ce texte a une grande importance :

a) Il fait connaître à l'assistée ses droits en ce qui concerne la durée maxima de l'assistance, soit *quatre semaines au maximum avant les couches*, et *quatre semaines exactement après les couches*. (Voir sur ce point alinéa 25).

b) Il lui indique aussi que l'allocation a un caractère conditionnel, que son maintien est en effet rigoureusement subordonné à deux conditions essentielles, savoir :

1° Que l'assistée, non seulement suspende pendant ce temps l'exercice de sa profession habituelle, mais encore observe tout le repos effectif compatible avec les exigences de sa vie domestique ;

2° Qu'elle prenne, pour son enfant et pour elle-même, les soins d'hygiène nécessaires, conformément aux instructions que lui donnera à cet effet la personne désignée par le bureau d'assistance.

c) Il lui apprend que, en cas d'hospitalisation et si elle a un autre enfant vivant âgé de moins de treize ans, l'allocation journalière ne subira aucune réduction durant toute la période de son séjour à l'hôpital ; et que, si elle n'a pas d'autre enfant vivant âgé de moins de treize ans, l'allocation ne sera, durant la période d'hospitalisation, réduite que de moitié (dans l'un et l'autre cas, bien entendu, la prime d'allaitement maternel n'étant point susceptible de réduction). Ainsi l'intéressée dont l'état justifierait l'entrée à l'hôpital ne cherchera pas à éviter cette hospitalisation par la crainte de se voir privée de l'allocation journalière).

d) Enfin, d'après le texte, l'allocation sera majorée pour elle de 50 centimes par jour après les couches si elle allaite elle-même son enfant.

Il est excellent que dès la remise qui lui est faite du récépissé de sa demande, elle soit ainsi informée des avantages qui lui seront assurés si elle allaite elle-même son enfant et, par là, encouragée à cet effort personnel dont dépendra, dans une si large mesure, la santé du nouveau-né.

5. — L'article 2 du décret indique les renseignements que la demande écrite doit contenir. La postulante y doit déclarer :

1° *Qu'elle est de nationalité française* ;

Il va de soi que si, sur ce point, subsiste quelque doute, l'autorité chargée de se prononcer sur la demande peut et doit exiger des justifications. La question se posera notamment à l'égard des postulantes résidant depuis peu de temps dans la commune et n'y ayant pas leur domicile de secours, postulantes sur la demande desquelles le préfet statue ; la nationalité ne devra pas être seulement déclarée mais bien établie par des pièces appropriées.

6. — 2° *Qu'elle se livre habituellement, à son domicile ou chez autrui, à un travail salarié.*
Je rappelle que ces conditions sont définies par l'article 3 de la loi du 17 juin 1913 et par l'article 73 de la loi du 30 juillet 1913.

7. — 3° Qu'elle, ou si elle est mariée, que son mari réside depuis plus d'un an dans la commune, et, dans le cas contraire, quelles ont été ses résidences ou celles de son mari depuis deux ans. Sur ce point, le texte du décret (art. 2, *in fine*) contient une formule qui, ne pouvant prévoir les cas multiples susceptibles de se présenter, a dû être générale et vague ; « La postulante, dit ce texte, doit ajouter tous les renseignements propres à établir quel est son domicile de secours. »
Les renseignements relatifs à ces résidences sont indispensables pour déterminer si la postulante a un domicile de secours, et, dans l'affirmative, où est ce domicile.
Je rappelle que le domicile de secours est ici réglé par les dispositions inscrites dans la loi de 1893 sur l'assistance médicale gratuite, et par la jurisprudence subséquente du Conseil d'Etat, qui doit être aujourd'hui familière sinon à toutes les communes, du moins aux services des préfectures.
Comme pour l'assistance médicale, comme pour l'assistance aux familles nombreuses, la résidence habituelle qui détermine le domicile de secours est d'*un an* (et non de cinq ans comme pour l'assistance aux vieillards, aux infirmes et aux incurables).
Et puisque, pour l'application de la présente loi, il ne peut s'agir que de *postulantes*, il conviendra, parmi les diverses règles qui déterminent le domicile de secours, de ne pas perdre de vue celle en vertu de laquelle (L. 15 juill. 1893, art. 6-3°) « la femme, du jour de son mariage, acquiert le domicile de secours de son mari ».

8. — 4° *Quelles sont les charges de famille.*
Cette condition est nécessaire à un double titre : d'abord pour apprécier, ainsi qu'il sera expliqué plus loin, si la postulante est ou non « privée de ressources » au regard de la loi, et, en second lieu, en cas d'hospitalisation, pour décider si, pendant toute la durée de cette hospitalisation, l'allocation doit être ou non réduite de moitié, conformément à l'article 5 de la loi.

9. — 5° *Quelles sont les ressources dont elle continuera à disposer pendant son repos, notamment, s'il y a lieu, celles qui peuvent provenir du travail du mari.*
Le bénéfice de la présente loi ne peut, en effet, être accordé qu'aux femmes « privées de ressources ». Mais il est incontestable que le législateur n'a pas entendu réserver le bénéfice de l'assistance qu'il instituait aux seules femmes « indigentes » ; il a voulu

largement encourager le repos avant et après les couches, repos
qui est indispensable tout à la fois pour la santé de la mère et
pour la santé de l'enfant ; il a entendu non seulement faire œuvre
d'assistance proprement dite, mais encore et surtout œuvre
nationale en diminuant la mortalité infantile et en luttant contre
la dépopulation : c'est agir contre la dépopulation, en effet, que
de protéger la santé des enfants pendant ces quelques semaines,
avant et après les couches, et c'est agir encore contre elle que de
protéger la santé de la mère et, en lui permettant de se reposer
durant cette période critique, de garantir en elle la possibilité
des maternités futures.

10. — Il est donc dans la volonté du législateur que la condition
exprimée par les mots « privée de ressources », loin d'être entendue
dans un sens restrictif, soit appliquée avec libéralisme, mais il est
manifeste que la faculté d'appréciation, pour large qu'elle soit,
doit avoir des limites, et que, si ces limites étaient franchies, on
serait conduit à des résultats inadmissibles. Il est toujours délicat,
en pareille matière, de donner des exemples ; mais, pour n'envi-
sager que des hypothèses extrêmes, nul ne soutiendra que puisse
être considérée comme « privée de ressources » une femme,
ouvrière ou employée qui, durant cette période de repos de huit
semaines, est assurée de recevoir de son employeur l'intégralité
de son salaire, surtout si ce salaire est important, ou une femme
dont la situation est notoirement aisée, nonobstant sa qualité
de salariée, qui vit largement et paie un loyer élevé ; l'allocation
accordée dans de telles conditions constituerait, pour les finances
publiques, une charge injustifiée, dont l'effet social, au point de
vue ci-dessus exposé, serait absolument nul. Il faut donc, au
moment de se prononcer sur une demande d'admission, considérer
*l'ensemble des ressources dont l'intéressée disposera pendant son
repos.*

11. — Parmi ces ressources entreront, s'il y a lieu, « celles
qui peuvent provenir du travail du mari ». Ce n'est certes pas
qu'une demande puisse être repoussée simplement parce que le
mari de la postulante gagnera, durant la période envisagée,
un certain salaire ; à ce compte, en effet, nulle femme mariée
ne pourrait obtenir le bénéfice de la loi, ce qui serait gravement
méconnaître la volonté du législateur et le but qu'il a poursuivi.
Il reste cependant, qu'en matière d'assistance, et spécialement
d'assistance obligatoire, la collectivité ne peut intervenir en faveur
de qui que ce soit qu'à défaut de ceux à qui le Code civil, en même
temps que la loi naturelle, imposent l'obligation personnelle
d'assistance. Si donc le mari touche des appointements ou un
salaire élevés, si, en raison de ce fait, la femme a toute facilité
pour garder un repos normal et nécessaire au moment de ses
couches, sans subir de privations, et si cependant elle demande
son admission, sa demande ne devra pas être accueillie. Les
ressources pouvant provenir du travail du mari constituent,
en définitive, un « élément d'information » des plus importants.

12. — L'assistance doit, pourrait-on dire, être réservée aux
femmes que leur situation familiale modeste et les dures nécessités
de la vie mettraient dans l'impossibilité d'observer un repos suffisant au moment de leurs couches, et de se priver ainsi d'un salaire

indispensable à leur subsistance et à celle des enfants ou parents dont elles ont la charge, si aucune allocation ne leur était accordée pour compenser, au moins partiellement cette perte de salaire. C'est là le principe essentiel qui a inspiré le législateur et qui doit guider les autorités chargées d'appliquer la loi. Il doit être toujours présent à l'esprit des bureaux d'assistance chargés de donner leur avis sur les demandes des conseils municipaux, des maires appelés à se prononcer, et aussi des préfets dont le rôle est ici d'importance capitale, puisqu'ils ont faculté tantôt de se prononcer en dernier ressort, tantôt d'exercer un recours contre des admissions injustifiées.

13. — L'article 2 du décret ayant déterminé les renseignements que la demande doit contenir, l'article 3 fixe les *pièces* qui doivent être *annexées* à celle-ci, savoir :

1º Les extraits des rôles des contributions concernant soit la postulante, soit, s'il y a lieu, son mari ;

2º Un certificat de l'employeur ou des employeurs attestant que la postulante se livre habituellement à un travail salarié.

Le décret a prévu que, dans certains cas, notamment si la postulante travaille à domicile, il pourrait lui être impossible de se procurer ce certificat ; il va de soi qu'elle sera tenue d'établir, si le fait était contesté, qu'elle est bien salariée.

14. — Voilà la demande faite et remise au maire ; quelle voie va-t-elle suivre ? La suite à lui donner sera très différente, selon que cette demande présentera ou non *un caractère d'urgence*.

La demande ne présente pas un caractère d'urgence si elle n'est accompagnée d'aucun certificat médical attestant la nécessité d'un repos immédiat ou prochain.

Elle présente un caractère d'urgence si elle est accompagnée d'un tel certificat et, à plus forte raison, si elle n'a été formulée qu'après l'accouchement.

15. — Une femme prévoyante aura soin de remettre sa demande plusieurs mois avant l'époque probable de ses couches ; ce faisant, d'un côté elle sera assurée que l'instruction de sa demande, ce qui prend nécessairement un certain temps, sera close, et qu'elle-même sera admise, inscrite sur la liste, dès le moment où elle aura le droit de toucher l'allocation ; si, d'un autre côté, elle a son domicile de secours dans la commune où elle réside, et si le conseil municipal refuse de l'inscrire sur la liste, notamment parce qu'elle paraît avoir des ressources suffisantes, ou qu'elle ne se livre pas habituellement à un travail salarié, elle aura, conformément à l'article 16 de la loi du 15 juillet 1893, la possibilité de recourir contre ce refus d'admission devant la commission cantonale.

Si elle agit autrement et attend le dernier moment pour présenter sa demande, elle risque de ne voir celle-ci accueillie, quelque diligence que l'humanité commande d'apporter à l'instruction, et par suite de ne recevoir ses premières allocations, qu'un temps notable après le jour où elle aurait eu, cependant, un besoin réel de prompt secours. J'ajoute que, si elle a son domicile de secours dans la commune où elle réside, en attendant ainsi, et en se mettant elle-même dans la nécessité de présenter une « demande d'urgence » elle se prive de toute possibilité de recours utile contre un refus éventuel d'admission.

16. — Les demandes ci-dessus définies comme ne présentant pas un caractère d'urgence seront (art. 5 du décret) transmises par le maire au bureau d'assistance, lequel, après instruction, dressera une liste préparatoire comprenant, d'une part, toutes les postulantes ayant le domicile de secours dans la commune, d'autre part toutes celles qui n'ont pas ce domicile de secours ; le bureau d'assistance ne se contentera pas, bien entendu, de faire ce départ, de dresser ces deux listes ; il fera pour chaque postulante de l'une et de l'autre listes des *propositions* d'admission ou de rejet.

17. — Ces deux listes préparatoires sont soumises au conseil municipal. Celui-ci arrête, en *comité secret* (L. 15 juillet 1893, art. 13), la liste des femmes ayant le domicile de secours dans la commune et qu'on pourrait appeler « les expectantes », en ce sens que, par cette inscription sur la liste, elles sont admises au bénéfice éventuel de la loi, bénéfice qu'elles ne recevront *effectivement* que plus tard, soit de plein droit après l'accouchement, soit avant cette date quand elles auront produit un certificat médical spécial.

18. — La seconde partie de la liste comprenant, avec l'avis du bureau d'assistance, les postulantes n'ayant pas le domicile de secours dans la commune, est transmise au préfet, avec les demandes et pièces annexes. Pour chaque postulante de cette catégorie, le *préfet statue*, puis arrête la liste ; il avise de sa décision le maire de la commune où la postulante réside.

19. — Envisageons maintenant des circonstances différentes de celles prévues aux alinéas 16 et suivants : le maire a reçu une demande accompagnée d'un certificat médical attestant la nécessité d'un repos immédiat ou prochain, ou bien il a reçu une demande d'une femme qui, sans présenter un tel certificat, lui est signalée comme devant accoucher dans un bref délai, ou enfin d'une postulante qui vient d'accoucher. Impossible ici, sans provoquer le plus fâcheux retard, d'attendre une réunion ordinaire ou même de provoquer une réunion extraordinaire du conseil municipal, et même, le plus souvent, du bureau d'assistance ; la plus élémentaire humanité exige la suppression des délais ordinaires ; il y a un intérêt certain à ce que, le plus vite possible, au plus tard dans le mois, l'intéressée touche effectivement ses premières allocations. En d'autres termes et pour tout dire d'un mot, la demande présente un caractère « d'urgence ». Que fera le maire dans ce cas, qui sans doute sera fréquent ?

D'abord il fera procéder à l'instruction le plus rapidement possible, pour contrôler les déclarations de l'intéressée en ce qui concerne tant ses résidences que sa situation de travailleuse habituellement salariée et ses ressources.

20. — Cela fait, et les éléments de décision ainsi en état, de deux choses, l'une :

1° Ou la postulante a son domicile de secours dans la commune ; dès lors le maire statue ; il prend, pour accueillir ou repousser la demande, une décision dont (L. 15 juill. 1893, art. 19) il doit « rendre compte, en comité secret », au conseil municipal, dans sa plus prochaine séance.

21. — 2° Ou la postulante n'a pas son domicile de secours dans la commune ; le maire transmet alors immédiatement, avec les renseignements qu'il a recueillis et son *avis personnel*, le dossier au préfet qui statue.

22. — La femme étant admise, selon les divers cas qui viennent d'être envisagés, par le conseil municipal, par le maire ou par le préfet, quel est alors son droit ?

Elle a droit, *de façon certaine*, à l'allocation durant les quatre semaines qui suivront ses couches, allocation majorée, comme il sera dit plus loin, si elle allaite elle-même son enfant.

En outre, elle a droit, avant ses couches, a une allocation *qui ne peut être prolongée plus de quatre semaines*, qui sera donc suspendue à l'expiration de cette période de quatre semaines, si celle-ci se termine avant l'accouchement, mais elle n'a droit à cette première série d'allocations que si elle justifie, par un certificat médical adressé au maire, qu'elle ne peut continuer à travailler sans danger pour elle-même ou pour l'enfant.

23. — Le cas qui, en fait, et par un défaut de prévoyance des postulantes, se présentera sans doute le plus fréquemment, est celui où l'intéressée fera sa demande « au dernier moment », peu de temps avant ses couches, lorsqu'elle éprouvera le besoin impérieux du repos ; la demande aura donc un caractère d'urgence et le certificat médical y sera joint. Les choses dès lors se passeront très simplement de la façon suivante :

1° Ou la postulante a son domicile de secours dans la commune : le maire, en même temps qu'il *admettra* l'intéressée, fixera, d'après le certificat médical, le jour à partir duquel, avant les couches, l'allocation doit courir, et c'est cette décision complète, comportant admission et fixation du point de départ, qu'il transmettra au préfet, afin que celui-ci inscrive l'intéressée sur le premier état de mandatement.

2° Ou la postulante n'a pas son domicile de secours dans la commune · le maire transmettra le dossier au préfet. Le préfet, ainsi saisi, admettra, s'il y a lieu, l'intéressée *et fixera en même temps* le point de départ ; il avisera le maire de sa décision ; il inscrira l'assistée sur le plus prochain état de mandatement.

24. — Une petite complication peut survenir lorsque l'intéressée n'aura pas attendu ce que j'ai appelé « le dernier moment », lorsqu'elle aura présenté sa demande plusieurs mois avant l'époque probable de son accouchement, lorsqu'elle aura ainsi accompli l'acte de prévoyance dont j'ai parlé plus haut. Ces femmes prévoyantes se seront fait préalablement admettre à titre d' « expectantes » ; elles auront, de ce fait, acquis un droit certain à l'assistance après leurs couches et un droit éventuel à l'assistance avant leurs couches. Puis, quelques semaines avant l'accouchement, elles présenteront au maire le certificat médical. Le décret prescrit (art. 9) que, dans ce cas, le maire, *quel que soit le domicile de secours de l'intéressée*, fixera le point de départ de l'allocation et enverra sans délai sa décision au préfet, lequel en tiendra compte sur le plus prochain état de mandatement.

25. — En ce qui concerne la durée de l'allocation, j'appelle toute votre attention sur ceci: vous considérerez comme annulés

les alinéas 22 et 23 de la préscédente circulaire du 9 août 1913 et vous les remplacerez par les deux textes suivants :

(22). — Que si, au contraire, sur le vu du certificat médical, la postulante a été admise dans des conditions telles que six semaines par exemple se sont écoulées entre ce moment et ses couches, l'allocation avant ses couches devra être *arrêtée* au bout de la quatrième semaine ; elle recommencera à être payée à partir des couches et durant quatre semaines après celles-ci ; elle aura été ainsi versée pendant deux périodes de quatre semaines chacune formant un total de huit semaines, et séparées par un intervalle variable qui, dans l'hypothèse envisagée, aura été de quinze jours.

Sans doute il serait fâcheux que l'assistée restât sans secours pendant cet intervalle. Mais toute loi d'assistance imposant obligatoirement des charges aux communes, aux départements et à l'Etat, doit limiter ces charges. D'ailleurs, si la situation de cette femme est particulièrement digne d'intérêt, je veux dire si tout s'est passé avec une absolue bonne foi, si son besoin de prendre prématurément son repos était notoire, si notoire aussi est sa privation de ressources, rien ne s'oppose à ce que, durant cette courte période où l'allocation légale sera suspendue, elle soit secourue soit par le bureau de bienfaisance, soit par la bienfaisance privée, dont un des rôles essentiels est de compléter l'action des services publics.

(23). — Pour éviter cette situation, on aurait pu admettre un autre système, savoir le paiement d'allocations journalières durant une période « continue », remplissant cette double condition, d'une part de ne pas dépasser au total huit semaines, et, d'autre part, de ne jamais aller au-delà de la quatrième semaine après les couches. Ce système eût offert l'avantage de ne point présenter d'interruption dans l'assistance, et il eût suivi de près les dispositions de la loi du 17 novembre 1909 garantissant leur travail ou leur emploi aux femmes en couches dans les établissements soumis à l'inspection du travail, loi qui prescrit en effet que : « la suspension du travail par la femme *pendant huit semaines consécutives dans la période qui précède et suit l'accouchement ne peut être* une cause de rupture par l'employeur, du contrat de louage de services..... » Ce système eût présenté des inconvénients : commencée six semaines avant les couches, l'assistance continuée sans interruption pendant huit semaines, eût pris fin deux semaines seulement après l'accouchement ; commencée huit semaines avant, elle eût pris fin le jour même de l'accouchement ; dès lors, la femme n'aurait pas eu la certitude d'être assistée pendant la période de quatre semaines après les couches qui est celle où elle a le plus besoin de repos ; celle où, en vue du début de l'allaitement, il importe essentiellement qu'elle se repose, et j'ajoute celle où, en vertu de l'article 1 de la loi du 17 juillet 1913, il est interdit à tout établissement industriel ou commercial de l'employer. Cette dernière considération a paru déterminante : pour les femmes travaillant dans ces établissements, le repos, pendant les quatre semaines qui suivent les couches, est obligatoire ; cette obligation doit avoir pour corrollaire la certitude pour la femme privée de ressources, d'être assistée pendant toute cette période, et puisqu'un maximum de huit semaines avait dû être fixé, le second système envisagé ci-dessus de l'assistance ininterromue devait être abandonné et le premier système devait prévaloir, qui comporte l'interruption possible, mais par ailleurs *donne à l'asisstance postérieure aux couches un caractère intangible pour la durée fixe des quatre semaines qui suivent la délivrance.*

(23 *bis*). — Pour prévenir toute confusion, le maire aura grand soin, lorsqu'une postulante lui remettra son certificat médical et demandera que l'allocation commence à lui être servie, de lui bien expliquer que la loi ne lui assure, avant ses couches, le paiement de l'allocation que pendant quatre semaines au plus, et qu'en conséquence si, après l'expiration de cette période, l'accouchement n'est pas survenu, elle doit s'attendre à voir l'allocation suspendue comme il vient d'être dit. *C'est un point sur lequel je vous prie d'adresser aux maires de pressantes recommandations.*

26. — L'article 10 du décret contient une précision intéressante. Quand, au regard de la loi, considérera-t-on qu'il y a eu « accouchement » ? Lorsque l'enfant, vivant ou mort-né, a fait l'objet d'une déclaration à l'officier de l'état civil. Il n'est pas besoin d'insister sur la nécessité d'une telle disposition. Ce n'est point à dire qu'une femme n'ait pas besoin de repos après une fausse « couche », souvent même ce repos est indispensable pour que sa santé ne soit pas gravement compromise. Mais, je le répète, une loi d'assistance ne peut tout prévoir, elle ne peut apporter de soulagement à tous les besoins, et il apparaît d'autre part avec évidence qu'à ne point donner cette précision limitative, on eût ouvert la porte à des abus qui auraient échappé à tout contrôle.

27. — L'article 12 prescrit que « le taux de l'allocation journalière est le même pour toutes les assistées de la commune où elles résident » ; il est le même, que ces assistées aient le domicile de secours dans cette commune ou même dans une autre commune ; qu'elles aient un domicile de secours départemental ou qu'elles soient privées de domicile de secours et, par suite, à la charge exclusive de l'Etat. C'est le principe même de la loi de 1893 à laquelle la présente loi se réfère ; quand un assisté, résidant dans une commune A, mais n'y ayant pas son domicile de secours, a été admis d'urgence, sur décision du préfet, à l'assistance médicale gratuite et, par exemple, hospitalisé, la collectivité B du domicile de secours rembourse les frais d'hospitalisation, sans être admise à en discuter le tarif.

TITRE II.

Le titre II est relatif à la surveillance et au contrôle.

28. — Chaque année, au cours de la première session, le bureau d'assistance dresse la liste, qu'il peut reviser en cours d'année, des personnes ayant accepté de veiller à l'observation par les assistées des prescriptions d'hygiène et de repos. La circulaire du 9 août à laquelle vous voudrez bien vous reporter (alinéa 40) a mis en lumière le rôle essentiel que ces personnes — lesquelles, sauf circonstances exceptionnelles, seront des femmes — sont appelées à jouer dans l'application de la loi ; je n'ai rien à ajouter

sur ce point, mais je vous prie d'insister de la façon la plus pressante auprès des bureaux d'assistance sur la nécessité pour eux de faire tous efforts utiles en vue de s'assurer le concours de ces collaboratrices bénévoles. Il faut bien nous persuader que l'effet social qu'on attend de cette loi au point de vue de la diminution de la mortalité infantile, sera, dans une mesure dont on ne saurait exagérer l'importance, accru ou restreint selon que cette collaboration sera méthodiquement organisée dans les communes, ou sera au contraire négligée. C'est une question sur laquelle votre haute attention, celle de MM. les sous-préfets, et ultérieurement celle des contrôleurs sur place, devra très particulièrement se fixer. Je désire que, par des *rapports spéciaux*, vous me mettiez au courant des efforts que vous aurez faits en ce sens et des résultats que vous aurez obtenus.

29. — Dès que le point de départ de l'allocation aura été fixé, le maire, sur la liste ainsi dressée, choisit la personne qui sera chargée de visiter l'assistée ; si la commune est étendue, la liste contiendra sans doute plusieurs noms, et il y aura intérêt à ce que chaque dame visiteuse ait sa section.

Dans les petites communes, le choix du maire sera évidemment plus limité, mais il me paraît pas admissible qu'il ne puisse point déterminer au moins une des habitantes de la commune, parmi celles qui offrent toutes les garanties d'honnêteté et de moralité, à lui prêter son concours ; l'institutrice, si elle y consent, pourra très bien remplir le rôle de dame visiteuse.

30. — Le maire remettra à la dame visiteuse une lettre signée de lui et destinée à établir le caractère officiel de la mission que cette dame doit accomplir ; il lui remettra, avec cette « lettre de service », les instructions destinées à l'assistée. J'ai, à ce sujet, demandé à l'Académie de médecine de rédiger des instructions sommaires qui pourront être utilement adoptées dans toutes les communes, instructions dont la dame visiteuse déposerait copie entre les mains de l'assistée, qu'elle expliquerait et commenterait de vive voix et dont elle aurait ensuite à assurer l'exécution. Je vous ferai parvenir ce texte dès que l'Académie m'aura envoyé ses propositions. Il est à peine besoin d'indiquer que le retard de cet envoi ne doit point arrêter la mise en application de la loi.

31. — C'est sur le vu des renseignements fournis par la dame visiteuse que le maire pourra apprécier si l'assistée observe les conditions de repos et d'hygiène exigées ; si, par conséquent, l'allocation doit être maintenue, ou, au contraire, et s'il y a lieu, après mise en demeure, supprimée.

32. — C'est aussi sur les propositions de la dame visiteuse que le maire de la commune de résidence pourra apprécier si tout ou partie de l'allocation doit être donnée en nature.

33. — Enfin, à l'égard de chaque assistée, la question se posera de savoir si elle doit ou non recevoir la « prime d'allaitement ». Vous savez que la loi (L. 30 juill. 1913, art. 69-§ 2) prescrit que « l'allocation est majorée de 50 centimes par jour après les couches si la mère allaite elle-même son enfant ».

Il est pratiquement impossible que cette majoration soit payée en même temps que l'allocation ; en effet, quand le préfet dressera l'état de mandatement, il ne saura point si cette assistée allaite ou non son nouveau-né ; ce n'est qu'à l'expiration des quatre semaines postérieures aux couches que l'on pourra connaître si la mère a allaité et pendant combien de jours. Seule la dame visiteuse pourra fournir sur ce point un sûr élément d'information, et il apparaît ainsi avec évidence que, ne fut-ce qu'à ce point de vue, son intervention auprès de l'assistée est indispensable ; la dame visiteuse devra donc, *dès l'expiration des quatre semaines envisagées*, adresser à cet effet une *note spéciale* au maire, auquel il appartiendra de décider si la prime d'allaitement est due, et, dans l'affirmative, pour combien de jours. La décision sera transmise d'urgence au préfet qui en tiendra compte lors de l'établissement par lui du plus prochain état de mandatement.

33 *bis*. — La mère qui veut nourrir au sein ne peut commencer cet allaitement le jour même de son accouchement, mais seulement après un certain délai, variable, et, d'ailleurs, toujours fort court ; il va de soi que si, dès ce délai imposé par la nature même, l'allaitement maternel est institué, et s'il est ensuite régulièrement poursuivi, c'est pour la totalité de la période de quatre semaines que la majoration sera due ; en d'autres termes, c'est la prime complète de 14 francs qui sera payée.

34. — L'article 3 de la loi prescrit que l'allocation journalière de l'assistance ne peut se cumuler avec aucun secours public de maternité. Cette interdiction de cumul ne vise que les *secours publics*, tels que ceux attribués en vertu de la loi de 1904 sur les enfants assistés. A une mère bénéficiant de l'assistance aux femmes en couches, instituée par la présente loi, vous ne pouvez donc accorder désormais de « secours temporaires » qu'après l'expiration de la quatrième semaine postérieure à l'accouchement. Aucune exception ne doit être accordée à cette règle impérative.

TITRE III.

35. — Ce titre précise les conditions dans lesquelles l'allocation peut être supprimée ; il est à rapprocher du deuxième paragraphe de l'article 6 de la loi du 17 juin. Cette suppression doit faire l'objet d'une décision nouvelle « dans la forme prévue par les admissions ». Mais l'observation suivante s'impose : il peut se présenter des circonstances où la décision devra être prise d'urgence ; ce sera le cas notamment si l'assistée continue le travail salarié dont la suspension est une condition absolue du maintien à l'assistance, ou si elle ne tient aucun compte des prescriptions d'hygiène individuelle et infantile qui lui auront été données ; c'est alors immédiatement que la décision s'impose ; si donc le bureau d'assistance ne peut être d'extrême urgence convoqué, le maire (art. 19 du décret) prendra la décision, la notifiera à l'intéressée et la transmettra d'urgence au préfet.

36. — Le maire prendra ces décisions à l'égard des assistées ayant le domicile de secours dans sa commune ; en ce qui concerne les autres, le préfet qui a prononcé l'admission statuera, le cas échéant, sur la radiation ; mais dans le cas d'urgence envisagée au précédent alinéa, le maire prendra une décision « provisoire », sur laquelle le préfet statuera.

TITRE IV.

37. — Le titre IV vise les mutualités maternelles ou autres œuvres d'assistance dont l'article 10 de la loi sollicite le concours. Ledit article 10 et les trois dispositions contenues dans ce titre IV n'appellent pas d'observations spéciales. Je souhaite vivement que ces œuvres participent à l'application de la présente loi. Il y a là une innovation sociale du plus haut intérêt et qui peut peut être très féconde. Je suis prêt personnellement et je vous invite également à encourager et à aider les initiatives qui se produiront, toutes les fois qu'elles émaneront d'œuvres dont la sérieuse organisation répondra à la bonne volonté.

Pour qu'une œuvre puisse jouer le rôle qui lui est imparti par la loi, elle aura à remplir *deux conditions* :

38. — 1º Etre agréée par un décret rendu sur la proposition du Ministre de l'Intérieur et des Finances, après avis de la section compétente du Conseil supérieur de l'assistance. Ce décret fixera la circonscription territoriale où l'œuvre sera admise à exercer son action d'auxiliaire des services publics ; il déterminera en outre les conditions du contrôle financier auxquelles l'œuvre devra se soumettre, contrôle évidemment indispensable puisque l'œuvre recevra, sur les fonds publics, le montant des allocations dues aux assistées et le leur versera.

39. — 2º L'agrément suppose une *demande préalable*. Cette demande doit être faite par le président de l'œuvre en vertu d'une décision de l'assemblée générale ; elle doit préciser la section territoriale pour laquelle l'œuvre désire être agréée (cette section pouvant comprendre une ou plusieurs communes, et dans une ville un ou plusieurs quartiers) ; elle doit fournir des renseignements précis et complets sur l'organisation de son service de visites à domicile ; trois exemplaires des statuts et des comptes rendus moraux et financiers des trois dernières années y seront joints.

40. — La demande est remise au préfet. Celui-ci la fait instruire par les soins de l'inspecteur départemental d'assistance et la transmet au ministre avec le rapport de l'inspecteur ; il y joint son avis motivé.

41. — Ces demandes seront examinées par le Ministre de l'Intérieur, dans le plus large esprit de bienveillance, sous cette double condition essentielle : que, d'une part, le service de visites à domicile sera assuré par un nombre suffisant de dames, et que, d'autre part, l'œuvre sera notoirement connue comme étrangère, de la façon la plus absolue, à toute préoccupation d'ordre confessionnel ou politique, *et que sa neutralité, à ce double point de vue, sera indiscutable et reconnue de tous.*

Vous ne manquerez pas, dès que vous serez saisi d'une demande de l'espèce, de la faire instruire et de me la transmettre avec diligence.

42. — L'œuvre, une fois nantie de ce décret, pourra être chargée par le conseil municipal, le bureau d'assistance consulté, d'assurer le fonctionnement de la loi dans la commune, dans les conditions

et limites fixées par la loi, par le présent décret et par le décret spécial d'autorisation.

La délibération du conseil municipal vous sera adressée, avec l'avis de la Commission administrative du bureau d'assistance, en double exemplaire, dont l'un devra m'être adressé.

La présente loi, vous le voyez, emprunte à la loi relative à l'assistance aux familles nombreuses un grand nombre de dispositions : l'organisation du service départemental, les règles déterminant le domicile de secours, le principe d'après lequel une commune n'est tenue de participer aux dépenses d'assistance qu'à l'égard des intéressées, résidant ou non sur son territoire, mais y ayant leur domicile de secours, les barèmes qui fixent la répartition des dépenses, les règlements de compte à intervenir en fin d'exercice, etc.

Elle diffère de la loi précitée sur divers points, dont quelques-uns doivent être soulignés :

1° Le mode d'admission est non celui de la loi du 14 juillet 1905, mais de façon générale celui de la loi du 15 juillet 1893, avec cette double particularité que, d'une part, l'admission d'urgence, qui était le cas exceptionnel pour l'assistance médicale gratuite, sera ici sinon la règle générale, tout au moins et très probablement le cas le plus fréquent, et que, d'autre part, s'agissant de postulantes n'ayant pas leur domicile de secours dans la commune de résidence, le préfet statuera en dernier ressort dans tous les cas, même si elles ont ce domicile dans une autre commune. Ai-je, besoin d'ajouter que, pour les assistées ainsi admises par le préfet, la commune de résidence n'est pas tenue aux dix premiers jours de secours ; cette charge des dix premiers jours est exclusivement afférente à la loi de 1893.

2° Il n'y a de recours possible qu'à une double condition : que la postulante ait son domicile de secours dans la commune où elle réside et qu'elle ait demandé son admission sur la liste des « expectantes » dressée par le conseil municipal ; ces recours sont jugés par les commissions cantonales de la loi de 1893 ; dans tous les autres cas, aucun recours n'est ouvert contre les décisions régulièrement prises. La commission centrale, créée par la loi du 14 juillet 1905, et à laquelle la loi récente du 14 juillet 1913 sur les familles nombreuses fait aussi appel, n'a point de place ici ; on comprend pourquoi le législateur n'a pas utilisé cette haute juridiction ; étant donné le caractère spécial de l'assistance aux femmes en couches, assistance *conditionnelle* et assistance de *courte durée*, les décisions rendues par la commission centrale eussent été inapplicables ; si elle avait rayé une personne indûment inscrite, sa décision serait intervenue un temps notable après l'expiration normale de la période d'assistance ; si elle avait ordonné l'admission d'une postulante indûment repoussée, les conditions essentielles de repos et d'hygiène auraient échappé à tout contrôle. On connaît assez les services éminents rendus par la commission centrale pour l'élaboration de la jurisprudence relative à la loi de 1905 ; on doit attendre d'elle les mêmes services en ce qui concerne la loi sur l'assistance aux familles nombreuses ; pour l'assistance aux femmes en couches, son concours officiel nous fera défaut. C'est pour les préfets une raison impérieuse de faire exercer un contrôle très vigilant sur l'application de la présente loi, et de prendre garde à ce que celle-ci ne soit point, à l'usage, dénaturée ni faussée. Au surplus, toutes les fois que quelque question générale et de principe vous apparaîtra, vous ne manquerez pas de me la signaler ; la commission centrale qui n'a point ici de pouvoirs juridictionnels, sera saisie par moi de ces questions et aura une particulière autorité pour formuler à leur sujet des *avis* susceptibles de guider et d'éclairer vos services.

3º L'assistance en raison du but visé par le législateur et que j'ai défini plus haut (alinéa 2), est strictement conditionnelle ; elle est donnée à l'intéressée pour lui permettre en premier lieu de se reposer, en second lieu de prendre certaines précautions hygiéniques aussi nécessaires à sa santé qu'à celle de son enfant à naître ou nouveau-né ; elle ne peut être maintenue que si ce repos est observé et que si ces précautions sont prises. Ne pas tenir la main à la stricte observation de cette double condition, ce serait méconnaître l'idée qui a inspiré la loi et ruiner par avance les effets qu'on en doit attendre.

Cette loi est autant une loi de prévoyance et d'hygiène sociales qu'une loi d'assistance. Si chacun de ceux qui prennent part à son application se pénètre bien de cette idée directrice et oriente en ce sens son action, la présente loi, dont les bienfaits vont s'ajouter à tous ceux si notables déjà des œuvres privées, doit avoir et aura pour résultat de développer chez toute femme de France les notions essentielles d'hygiène infantile et domestique, et de contribuer ainsi de façon puissante à la réduction de la mortalité infantile;

Raoul PÉRET.

DÉCRET DU 26 DÉCEMBRE 1913

Portant règlement d'administration publique pour l'application de la loi du 17 juin 1913 et des articles 68 à 75 de la loi du 30 juillet 1913, en ce qui concerne la comptabilité du service de l'assistance aux femmes en couches.

Le Président de la République française,

Sur le rapport des ministres de l'Intérieur et des Finances ;

Vu la loi du 17 juin 1913, et notamment l'article 11 ainsi conçu : « Des règlements d'administration publique détermineront les mesures nécessaires pour assurer les conditions d'application du fonctionnement et du contrôle de la présente loi » :

Vu les articles 68 à 75 de la loi du 30 juillet 1913, et notamment l'article 74 ainsi conçu : Les règlements d'administration publique prévus à l'article 11 de la loi du 17 juin 1913 détermineront, en outre, les mesures nécessaires à l'application des articles 68 à 73 de la présente loi ;

Vu la loi du 15 juillet 1893 sur l'assistance médicale gratuite ;

Le Conseil d'Etat entendu,

Décrète :

ARTICLE 1er. — Les recettes et les dépenses du service de l'assistance aux femmes en couches sont centralisées au budget départemental et soumises aux règles générales de la comptabilité départementale.

ART. 2. — Le budget départemental comprend en recettes :

1º La quote-part des communes, y compris les ressources énumérées, sous les nos 1 et 2, à l'article 70 de la loi du 30 juillet 1913 ;

2º Les subventions de l'Etat au département et les sommes dues par l'Etat pour les assistées n'ayant aucun domicile de secours ;

3º Le produit des remboursements de toute nature ;

4º Le produit des dons et legs faits au département en vue de l'assistance aux femmes en couches et les autres recettes éventuelles.

ART. 3. — Le budget départemental comprend en dépenses :

1º Les allocations accordées aux femmes en couches privées de ressources ;

2º Les frais d'administration et de contrôle du service dans le département.

Les dépenses sont acquittées au moyen des recettes prévues à l'article ci-dessus et du contingent départemental, notamment des subventions aux communes.

Art. 4. — La quote-part à verser par chaque commune, en vertu du paragraphe 1 de l'article 2 ci-dessus, est provisoirement fixée d'après la moyenne des chiffres constatés dans les quatre derniers comptes réglés. Elle est réglée définitivement lors de la clôture des comptes de l'exercice.

Le versement en est effectué par quart, à l'expiration de chaque trimestre.

Pour la période qui s'écoulera avant le règlement du quatrième compte, la quote-part provisoire de chaque commune sera déterminée par arrêté préfectoral.

Art. 5. — Des états annexés au budget départemental font ressortir en recettes et en dépenses les opérations du service de l'assistance aux femmes en couches.

Art. 6. — Le paiement des allocations attribuées aux femmes en couches a lieu à terme échu, au moyen de mandats émis le 5 et le 20 de chaque mois.

Les primes d'allaitement sont payées en une seule fois, à terme échu.

Pour la période qui précède les couches, comme pour celle qui les suit, l'allocation ne peut être mandatée pendant plus de quatre semaines. Le premier mandatement de l'allocation afférent à la seconde période ne peut être effectué que sur justification de l'accouchement.

Art. 7. — Les allocations sont mandatées par le préfet au nom du receveur du bureau de bienfaisance ou, à défaut du bureau de bienfaisance, au nom du receveur du bureau d'assistance de la commune où réside l'intéressée.

Les sommes nécessaires à l'acquittement des primes d'allaitement sont mandatées dans les mêmes formes.

Art. 8. — Avant tout paiement d'allocation, il est remis aux assistées par le bureau de bienfaisance ou, à défaut du bureau de bienfaisance par le bureau d'assistance, une carte d'identité valable pour toute la période pendant laquelle des secours seront attribués. Cette carte doit être revêtue de la signature de la titulaire en présence du membre de la commission administrative chargé de viser les bons, aux termes de l'article suivant.

Art. 9. — A chaque échéance, il est remis à l'assistée, par le bureau de bienfaisance, ou, à défaut, par le bureau d'assistance, un bon visé par un membre desdits bureaux.

Sur la remise de ce bon, l'allocation est payée par le comptable, après signature pour acquit par la partie prenante.

Les commissions administratives du bureau de bienfaisance ou du bureau d'assistance désignent, sous réserve de l'approbation du préfet, celui ou ceux de leurs membres qui seront chargés du visa des bons.

Art. 10. — L'assistée peut toucher l'allocation ou la prime à laquelle elle a droit par l'intermédiaire d'un tiers, à qui elle remet le bon, préalablement revêtu de son acquit, ainsi que sa carte d'identité.

Art. 11. — Si l'assistée n'habite pas dans la commune où réside le comptable chargé du paiement, elle peut faire parvenir directement à ce dernier le bon acquitté ; les fonds sont adressés par la poste à l'intéressée.

Art. 12. — Au cas où la bénéficiaire, admise dans un établissement hospitalier, aurait touché l'intégralité de l'allocation sans y avoir droit, le montant du trop perçu est imputé sur les allocations et majorations non encore payées.

Art. 13. — Si une mutualité maternelle ou une autre œuvre d'assistance est chargée, dans les conditions prévues par l'article 10 de la loi du 17 juin 1913, du paiement des allocations, les sommes payées par elle à ce titre donnent lieu à l'émission de mandats de remboursement établis à son nom. A ces mandats doivent être annexées les quittances des assistées pour les secours en argent et les états de distribution pour les secours en nature, sans préjudice des autres justifications qui pourraient être prescrites par les règlements prévus au même article.

Art. 14. — Un arrêté concerté entre le ministre de l'Intérieur et le ministre des Finances déterminera :

1º Le modèle des bons prévus à l'article 9 ;

2º Les pièces justificatives en recettes et en dépenses du service de l'assistance aux femmes en couches.

Art. 15. — Les ministres de l'Intérieur et des Finances sont chargés, chacun en ce qui le concerne, de l'exécution du présent décret, qui sera publié au *Journal officiel* et inséré au *Bulletin des lois.*

Fait à Paris, le 26 décembre 1913.

R. POINCARÉ.

Par le Président de la République ;

Le Ministre de l'Intérieur.
René RENOULT.

Le Ministre des Finances.
J. CAILLAUX.